독거시

지성.감성의 메타언어
조선문학사시인선·1026

독거시(獨居詩)

박 진 환 제565시집

조선문학사

■ 시인의 말

짝 잃고 외톨이로 사는 것은 형벌 같다는 생각을 했다. 죄를 지었다기보다 벌을 받는다는 생각을 갖게 했기 때문이다.

따지고 보면 삶의 8할은 독거(獨居)이자 독고(獨孤)이고, 독고(獨苦)이자, 독거(獨去)였다. 옆구리가 시린 삶이었고, 외로운 삶이었고, 고통스러운 삶이었고, 홀로 단독자행이었기 때문이다.

고분지통이 수반하게 한 삶은 삶 자체가 벌스러웠고, 외로움으로 치면 복당살이 같았고 괴로움으로 치면 삶 자체가 고통이었고, 단독자행의 동행 없는 삶이었다.

소이로 해서 '독거시'는 삶으로서는 불행한 삶이었고, 처지로서는 처량한 신세였고, 외로움이나 슬픔·고통으로는 삶 자체가 벌스러웠다.

시집 『독거시(獨居詩)』는 따지고 보면 고분지통이 수반해야 하는 신세타령도 되고, 삶에 대한 허무에의 자각도 되고, 고독과 마주하는 외톨이의 한도 되고, 이러한 것들로부터의 일탈이고자 하는 생에의 집착이기도 한 그런 나름의 기록들이라 할 수 있다.

2025년 중추
저자

독거시(獨居詩) 차례

시인의 말 / 5

제1부
독거시편

독거시편 · 1 / 13
독거시편 · 2 / 14
독거시편 · 3 / 16
독거시편 · 4 / 18
독거시편 · 5 / 20
독거시편 · 6 / 22
독거시편 · 7 / 24
독거시편 · 8 / 25
독거시편 · 9 / 26
독거시편 · 10 / 27
독거시편 · 11 / 28
독거시편 · 12 / 30
독거시편 · 13 / 32
독거시편 · 14 / 34
독거시편 · 15 / 36
독거시편 · 16 / 38
독거시편 · 17 / 40
독거시편 · 18 / 41
독거시편 · 19 / 42

독거시편 · 20 / 44
독거시편 · 21 / 46
독거시편 · 22 / 48
독거시편 · 23 / 50
독거시편 · 24 / 52
독거시편 · 25 / 54

제2부
기타 시편

마음 경(經) / 57
사물과 언어 / 58
도(道) / 59
길손 / 60
시(詩)와 시(枾) / 61
홍제천 소묘 / 62
읽는 이 몫이어서 / 64
비 · 1 / 65
비 · 2 / 66
허무 · 1 / 68
허무 · 2 / 70
허무 · 3 / 72
희망 쌓기 / 73
수리공 / 74

단독자가 아닌 것을 / 75
소이(所以) / 76
사양(斜陽) / 77
외로움이라는 병·1 / 78
외로움이라는 병·2 / 79
외로움이라는 병·3 / 80
삼발이 / 82
존재란 / 84
단독자 / 86
고도(孤島) / 88
망구(望九) / 90
고해의 섬 / 92
금호동 골목길 / 94
침묵 / 96
침묵경(沈默經) / 97
유형의 길이란 걸 / 98
불가사의 / 100
실존이란? / 101
삶이란? / 102
나는 사랑한다 / 104
겨울나기·1 / 105
겨울나기·2 / 106
겨울나기·3 / 108
유형(流刑) 중 / 110
허무경(虛無經) / 112

노래방 / 114
학의동(鶴儀洞) / 116
무의 무게 / 118
안산자락길 / 119
홍제천을 따라 걸으며 / 120
가향(家鄉) / 121
거리 / 122
안산자락 길에서 / 124
산행 / 126
겨울비 / 128

제1부
독거시편

독거시편 · 1

생각은 아직 짱짱하고 싶은데
생각관 달리 몸은 부실하다
중심은 그대론데 흔들림이
없지 않다
등허리 굽었으나 지팡이 신세는
면하고 사는 것을 다행으로 알고 조심한다

한 번 낙상한 경험이 있어선지
서두름보다 차분하게 느림을 택한다
느려서 다행 아닌가
서둘러 재촉해봤자 황천길만
더 앞당김 아니던가
구식으로 살기와 함께 느리기를 택했다

어느 제자년이 소개할 분이 있다고
며칠째 독촉인데
마음이 내키지 않는다
그렇다고 몸이 내킨 것도 아니다
내키지 않음이 늙은 분수일 듯싶어
두동치활(頭童齒闊)의 지혜로 알고 웃어본다

독거시편 · 2

자아확대력 상실과 매일을 조금씩
좁혀오는 삶의 공간에 비해
매일을 조금씩 넓혀가는 허무와
그 사이에 끼어 매일을 되질로
허비하는 삶

독거의 삶이 이러하다
하루에도 몇 번씩 죄어오는 바운더리와
하루에도 몇 발짝씩 확장해 가는 공허
그 사이에 끼어 매일을 조금씩
뒤로 물러서는 퇴행

한 발짝 물러섬을 두 발짝 나아가기 위한
에너지 충전을 위한 잠정적 휴식이라 했던가
그것도 앞대일 대안이 주어졌을 경우
이미 차단기 내려진 빨강불이면
나아갈 길 잃었음이니 물러서기 마련

이를 퇴행이라 했던가 물러서고, 멈춰섬을
축소지향의 자아협소화

두동치활의 말년살이가 이러하거니
가없는 허무에 내어던져진 고도(孤島)
내 독거살이가 이러하다

독거시편 · 3

자식들은 이 늙은이를 보고
원시인이라 한다
난방도 전열기기 아닌 오리털
돕바로 하고
보일러도 온돌 아닌 동파용
석유보일러를 사용하기 때문이다

맞는 말이다 원시인
세탁만 해도 그렇다
나는 세탁기가 없는 소이이기도 하지만
손빨래를 좋아한다
비누로 빡빡 문질러 때나 얼룩을 씻어내는 청결미
마음의 때까지 씻어주는 것 같아서다

아내는 세탁물을 물기를 제거하지 않고
헹굼으로 옷걸이에 걸어둔다
종일 물기가 빠져나가고 세탁물에
주름도 펴져 다림질할 필요가 없다
그럴 때마다 왜 짜서 말리지 않고 불평이었는데
그게 더 지혜로운 것이란 걸 이제사 배운다

살림살이에는 아내가 스승이었던가 보다
독거생활을 하면서 살아가는 하나하나에서
아내의 지혜를 배운다
그중에서도 "아끼지 않고는 모을 수 없다"는
명언도 진실도 아닌 아내의 경영철학을
소중한 진리처럼 실천하며 산다

독거시편 · 4

저녁 어스름이 창틀까지 기어오르면
어둠으로 한 겹
외로움으로 또 한 겹
그리움으로 다시 또 한 겹
울타리를 친다

울타리 속 독거는
밀려갔다 밀려가는 어둠의
밤바다에
작은 섬이 되고
섬이 되어 떠 있다

늙은 사공 하나가
정박의 밧줄을 당겨
안전을 점검하고
표류를 대비하고 나면
가로등은 등대가 되어 창을 밝힌다

어둠을 몰아낸 독거 공간엔
가부좌를 틀고 앉은 독고(獨孤)가

주인 행세를 하고
주인은 객이 된다
주객의 불편한 동거 독거의 하루가 이러하다

독거시편 · 5

지난 5월 4일로써
아내 간 지 3년
그간 지인들이 알려준 약이란 세월
3년 7년을 말해주기도 했고
10년이 지나도 문득문득
눈을 적신다고도 했다

고분지통 3년은
그리움이나 고마움 · 감사와 같은 것으로
달래며 자가치유로
잘 버텨왔지만
7년 10년은 기다려줄 것 같지 않아
주어진 시간 밖으로 밀어두고 산다

여직도 남은 것은 후회 아닌
다했던 최선에도 안겨주었던 무기력
인간의 힘으론 어찌할 수 없어
고스란히 받아들여야만 했던
극복할 수 없었던
인간의 조건

앞으로도 굴레처럼 벗어날 수 없는
옆구리 시린 독거의 조건
고분지통
피를 말리며 발버둥쳐도
벗어나긴커녕 되레 칭칭 감기는
울타리치고 살아야 하는 섧은 독거의 허무

독거시편 · 6

날마다 조금씩 죄어오는
자아협소화(自我狹小化)는
자아확대력(自我擴大力)을
상실해 가고 있음이다

나아갈 통로가 차단됐거나
돌진력의 에너지 결핍으로
나아가지 못함이 소이인
축소지향이 독거의 삶이다

축소지향이 수반하는 필연이 퇴행
퇴행은 무풍지대의 과거세로 돌아감이고
돌아가 안주의 공간을 유년이나 추억에
구축함이 된다

한 발짝 물러섬으로써
두 발짝을 나아가기 위한 잠정적
휴식을 통한 에너지의 충전이
퇴행 아니던가

울타리를 켜켜로 둘러쳐지고
나아감보다 매일을 한 발씩 물어서는
단절되고 고립된 삶 독거
내 삶의 오늘이 이러하다

독거시편 · 7

장마철이면 바쁘다
누수를 점검해야 하고
그때그때 대비해야 하기 때문이다

지하와 옥상은 창고
1층은 임대, 2층은 사무실, 3층은 주거공간
독거 단독자가 관장하기엔 힘에 겹다

더 힘겨운 것은
한 손엔 망치, 또 한 손엔 톱을 든 노동보다
마음속에 자라는 가지 톱질하기

장마철 우계면 도지는 젖은 가슴 닦아내기에
계절도 없이 뻗는 상념이며 웃자란 상사까지
안개 같은 것에 갇혀 살기 마련이다

혼자 산다는 것이 단조로운 삶이 아닌
두 사람 몫을 혼자 담당해야 하고
거기에 소환(所患)
시린 옆구리의 통증을 안고 사는 형벌이어서

독거시편 · 8

공허하고 서운하고 안정감이 없는
허전함
외로움이나 그리움으로는 채울 수도
달랠 수도 없는
소환이 돼 버린 지 오래인
아픔도 아니고 슬픔도 아니면서
땡볕의 이 성하(盛夏)에도
옆구리가 시린
이 허함이 가슴앓이 지병이었던 것을
미처 몰랐어
아픔만이 병이 아닌 통증 없이도
가슴앓이가 되는 고분지통이
허전함이었던 것을
메울 수도 채울 수도 달랠 수도 없으니
늙으면 병 하나 벗하고 산다 안 했던가
벗해 독거살이 동거해 본다

독거시편 · 9

독거의 한가와
고독과 그리움은
잡다한 일상에서 탈출했을 때
탈출해 자유스러운 시간
내가 나를 소환해 만나는 시간이다

한가는 물 없이 육신 아닌
정신을 씻어내는 시간이다
욕망의 때나 찌꺼기를 닦아내는
고독은 스스로를 다듬는 단장이다
흐트러짐을 바로잡아 기둥 하나 세우는
그리움은 정서적, 정신적 메마름을
적시기 위해 퍼올리는 두레박질이다

한가와 고독과 그리움
울타리 삼아 둘러치고 사는
내 독거는
독거 아닌 나와 내가 더불어
같이 사는 동거다

독거시편 · 10

어진 아내는 마음을
예쁜 아내는 눈을 즐겁게 한다 했던가
마음과 눈을 즐겁게 해준 아내면
아내 복이 있었음이다

행복한 생활이란 덕을 향유하고
사는 삶이라 했거니
복과 덕이 따로따로가 아닌
하나인 소이다

생활의 근본은 가정
가정은 만복의 근원
행복한 삶이란 가정에서 이루어진다는
등식을 성립시키는 소이다

결론은 아내, 아내가 없는 가정은 독거
독거는 실덕과 불행의 다른 이름이다
아내의 어짊과 예쁨을 간 후에에 깨닫다니
미련도 이런 미련퉁이가 없다

독거시편 · 11

독거가 무슨 자랑이라고 이리
운운 해쌓느냐고 하면 할 말이 없다
하지 않고 인위지덕(忍爲之德)으로
받아들일 수 없는 소이는 말하고 싶다

프로이트 선생 말에 의하면
그 무엇인가를 마음에 지닌 채 억압
해소하지 않으면 병이 된다고 했다
그러면서 내뱉어버리는 투사(投射)를 제시했다

시쳇말로 점쟁이에게 운수를 보러 간다고 한다
신통한 점괘를 믿고 가는 것이 아니라 실은
마음속에 담아놓은 것을 다 털어버림으로써
카타르시스를 체험하기 위함에서다

내 독거의 변도 다르지 않다
독거가 수반하는 아픔이며 슬픔, 외로움이며
그리움 같은 것을 가둬두고는 견딜 수 없어
발설로 투사해버림으로써 치유이고자 함 때문이다

일종의 자아방어기전이라 할 수 있다
아픔을 참고 있으면 더 고통스럽다
반대로 '아이고 아파라'를 되풀이 투사해버리면
고통이 반감되는 이치쯤이 된다

내 독거의 변이 이러하다

독거시편 · 12

내 시 쓰기는 그간
무엇을 어떻게 드러낼 것인가에
방점을 찍으며 써 왔다

헌데 바꿔봐도 좋을 것이란 생각을 하게 됐다
삶 자체가 시이고, 삶을 형상으로
재구성하는 것이 시로 여겨졌기 때문이다

어떻게 살아야 하고, 어떻게 살아야 참삶이고
이를 어떻게 드러내야 시가 되는가
삶 따로 있고 따로 있어 따로 살아야만 삶인가

주어진 대로 살아가고
살아가는데 충실하면 그것이 곧
삶이요 시가 아닐지

이 평범한 상식
삶이란 그 이상도 이하도 아닌
그 중간물이 삶이고 삶의 기록이 시 아닐지

내 시 쓰기가 이러하고
오늘을 살아가는 삶의 기록이
근황시편이자 독거시편이다

독거시편 · 13

더러는 가슴으로 당겨본
화살이다가
더러는 투창으로 날아와 박힌
가슴이다가
또 더러는 가늠자를 벗어난
오준의 방아쇠이다가

더러는 슬픔 같은 것으로 범람해
스스로를 섬으로 가둬버린 가슴이다가
더러는 외로움 같은 것으로 방천난
둑 무너진 봇물의 가슴이다가
또 더러는 갈기 세운 준마로 달아났다
돌아오지 않는 야생마이다가

독거란 관중 없는 외줄타기
잘못 골라딛다 낙상하면
밧줄 아닌 가슴의 G선 끊어지기
끊어지면 퉁기다 버린 비파이거나
비파로부터 퉁겨져 나간 피투

독고 줄로 뽑아 울타리 둘러치고 사는
지주(蜘蛛)인 것을

※ 지주(蜘蛛) : 거미의 이칭.

독거시편 · 14

날마다 창살 없는
열옥(熱獄)에 갇혀 산다
코로나보다 무서운 열독의 창궐
화저를 꼬나든 염제의 점령군들이
옥사를 에워싸고 있다

죄명도 없고 형기도 없는 수인
죄가 없으니 참회할 것도
뉘우칠 것도 부끄러워할 것도 없다
갇힌 공간이니 나갈 수는 없지만
돌아갈 곳은 주어진 과거세다

가버린 날들을 소환해다
벗하고 산다
보한 삼아 가락으로 풀어내 보는
「에덴 파라다이스」는
즐겨 소환하는 당골 레퍼토리다

마음으로 그리며 부르고
부르다 그리움이 되어버린

영혼만이 간직하고
간직해 부를 수 있는
연가(戀歌) 아닌 영가(靈歌)다

열독으로 울타리치고 사는
영어살이 열옥은
기실
내 독거공간이자
내 영혼의 해방공간이다

독거시편 · 15

나는 전화를 즐겨하는 쪽이 아니다
특별히 할 말 외엔 통화를 하지 않는다
소이로 안부에 다소 인색하다
인색은 인색을 불러온다 걸려오는
안부전화도 별로 없다

덕이란 것도 다르지 않아서
지녀 베풀면 돌아오기 마련이다
베풀지 않으면 오던 덕도 가버리기 일쑤다
주는 것이 있어야 받는 것도 있기 마련
덕이 그러하듯 전화도 다르지 않다

인생경영이 서툴러서다
모시기도 하고 아첨도 떨 때는 떨고
굽힐 때 굽힐 줄 아는 어인술이
인생경영의 비법 아니던가
나는 비법에 서투르기보다 이를 싫어한다

요즘 손전화는 유일의 내 소통 창구이고
삶의 개통 수단이고 열린 삶의 개찰구다

헌데 하루에 전화벨 고작 두세 번뿐 닫고 사는
삶이 아니라 갇혀 사는 쪽이 더 적절하다
그런대로 쓸데없는 노닥거림보다는 더 좋다

독거시편 · 16

주말 휴일이면
주어진 삶의 울타리를 거두고
자유를 만끽한다

그렇게들 살면서
슨 한 주의 녹을 닦아내며
하루치의 행복으로 한 주를 보상한다

소박한 삶들이 누리는
여유이자 한가이고
남루를 헹구는 세탁일이다

독거의 삶은 다르다, 몇 겹의 울타리를 둘러친
외로움으로 한 겹, 그리움으로 한 겹
허허로움으로 또 한 겹의 울타리를 둘러친다

꼼짝없는 영어다
스스로가 스스로를 가두는
독거의 독고

따지고 보면 독거밖
허무의 울타리 밖으로 내어던져지지 않으려는
필사의 자아방어기전이다

독거시편 · 17

거년만 해도 복날이면
안부전화에 얹어 점심 대접이 있었다
요즘엔 그것도 끊겼다

서운키도 하지만
탓할 일 못 되는 것이
베풀지 않았으니 거둘 일 또한 없기 때문이다

덕불고필유린
덕 지녀 베풀면 좇는 이 있어 외롭지 않다 했던가
덕 베풀지 못했으니 좇아 오다가도 도망치기 마련

글로는 읽었지만
체험으로 배워보긴 처음
배워 뭘 하나 실천 못 하면 알지 못함만 못한 것을

독거시편 · 18

두 겹 세 겹으로 둘러친
독거의 울타리

한 겹은 외로움으로
한 겹은 슬픔으로
또 한 겹은 그리움으로

그 안에서 성주도 되고
지배자도 되고
왕도 되는 독거

기실 둘러친 울타리는
방어되고 소유되는 행복한 이미지의
공간이 아닌

울타리 밖 허무로 내어던져지지 않으려는
필사의 몸부림인 방어기전인 것을

독거시편 · 19

포위망이 되어
날마다 조금씩 죄어오는
허무의 단애(斷崖)에 둘러싸여
독거는 독고의 섬이 된다

한 발짝의 헛발질에도
멀고 아득한 절망에의 멀미에도
떨어졌다 하면 못 면하는
익사이거나 수장인 독거

겹겹의 울타리
나름의 견고한 질긴 삶을 꼬아
희자(喜子)처럼 나선형 외곽을 둘러쳐 보지만
허무의 동퇴서비(東頹西圮) 못 면하고 산다

외로움 기름 삼아 등대 밝혀보지만
대안은 가파르고 허무의 노도는 격랑이다
무슨 지혜 있어 노 삼고
삿대 삼아 도강인들 하겠는가

단애에 둘러싸여 갇혀 사는 독거
허허를 저어가긴커녕
몰려오는 허허에
영어 신세 못 면하고 살아가는 독고다

독거시편 · 20

독거(獨居)는
독거(獨去)가 되고
독고(獨孤)는
독고(獨苦)가 된다

한 뿌리에서 태어난
각기 다른 얼굴을 하고
돌림자 항렬 삼아
네 형제로 산다

형제끼리 오순도순
얼굴 맞대고 몸 비비고 사니
독거도 아니고
그렇다고 독고도 아니다

독거(獨居)라 해도 한자락 달빛 벗하고
독거(獨去)라 해도 한자락 바람 동행하면
어찌 홀로이고 홀로 감이겠는가
독고도 다르지 않다

가슴에 자장하는
그리움 있어 벗하고
아픔의 약이라는
세월 벗하고 사는 것을

독거시편 · 21

생이 어떻고
어떻게 살아야 삶다운 삶이고는
사치다
망구의 독거는 그날그날의 하루살이
인생이기 때문이다

하루를 어떻게 살고 어떻게 살아야
삶답게 살았다 할 수 있을지
보람있게 살았다 할 수 있을지
생에 대한 진단은
그날그날의 주어진 삶으로 진맥된다

무엇을 위해 사는가
무엇을 하며 어떻게 사는가
어떻게 살아야 하루치의 삶에의
충실인가
하루살이 인생에게 그런 것은 별 의미가 없다

어떻게 하루를 살았고 부끄러움은 없었는가?
잘 보내진 하루에 감사할 수 있었는가?

도강하는 하루치의 정박과 내일에의 출항도
준비하는가? ???에 대한 답은 부질없다
내일이란 게 ?이므로

독거시편 · 22

축소지향
줄이고 좁히고 버리고
소유 가능한 최소한으로
울타리치고 산다

상대적으로
무량무변
가없는 넓이로 확장되는
허무

두 교차점 어디쯤에
오두막 하나 짓고 살며
절간처럼 처마에 풍경 하나
달고 산다

바람의 타종에도 유심이 되고
울렸다 멎음에도 유심이 되는
유심으로 바라기하는 구름도 한 점
무심으로 보내며 벗하고 산다

유한과 무한의
중간지대
독고(獨孤)·독고(獨苦) 두 바퀴 삼아
유한에의 피리어드를 공(空)으로 굴려본다

독거시편 · 23

내 일과는 오전과 오후 둘로
나누어 진행된다
상오엔 본업인 펜과의 씨름으로
일당을 챙기는 일
하오엔 일당 작업에서 풀려
나들이하는 일
운동을 겸한 나들이에는 교도(交刀) 하나가
필수 지참 품목이다
무엇이고 필요하면 재단해 와야
등에 한 노을이 황금이 되어주기 때문이다

재단해 온 컷들은 돌아온 대로
짜깁기로 재구성한다
흡사 재단사가 가위질해 온 것을
재봉사가 완성하는 것과 같다
이 점에서 나는 재단과 재봉의 겸업자다
겸업 60 성상이면 도가 틀 법도 한데
아니다 성공보다 실패가 더 많다
신식 양복을 만들려다
바지저고리를 만들기도 하고

그 반대가 되기도 한다

유리창 밖으로 저물녘이 찾아오면
하루를 마무리한다
첫 번째 마무리는
으스름께면 도지는 종신지질 그리움을 달래는 일
두 번째는 잘 보내진 하루의 무탈에 감사하기
나머지 하나는
무거운 발걸음으로 층계 밟기
독거 공간이 3층에 있기 때문이다
나그네인 소이가 이러하다

독거시편 · 24

나는 고성낙일(孤城落日)의
성주다
외로운 성이라고들 하지만
아니다
외로움을 위안해 주는
그리움을 방출하는 가슴의 발전소다
소이로 발전소장이기도 하다

그리움을
낙원에서 쫓겨나지 않아도 되는
유일이라 했던가 맞는 말이라면
나는 낙원에의 영주권자이고
낙원의 원주이기도 하다
이쯤 누리고 살기가 그리 흔턴가
누구나 다 누리며 낙원에 살던가

행복하시겠다고
거꾸로 불행할 수도 있다
답은 살기 나름의 그리움
자장으로 울타리치고 사는 이치론 전자

울타리 벗어나지 못한 영어살이 이치론
후자가 되기 때문이다
두 삶을 함께 사는 삶이 삶 아니던가

독거시편 · 25

매사 고독에서 시작해서
고독으로 끝난다
해서 독거(獨去)다

8할은 정지상태
나아가는 2할은
절망과의 동행이다

독고(獨孤)에서
독고(獨苦)
독고에서 독거(獨居) 3형제로 산다

울타리 밖엔
대안도 등대도 없는
고해(苦海)

저어가면 갈수록
허무로 펼쳐진 가없는 바다뿐이다
일엽편주로 도강 중이다

제2부
기타 시편

마음 경(經)

무위는 말하지 않는다
보여줄 뿐
보고 깨닫게 해줄 뿐

자연은 신이 쓴 책
백서(白書)엔
불립문자의 백면이 있을 뿐이다

인간이 마음으로 읽고 읽어 깨우쳐
통역하는 불간지서(不刊之書) 자연은
마음 경(經)이다

사물과 언어

언어는 사물을 지시하는
인간과 사물을 이어주는
중간매체다

소이로 언어는 사물에 대한
해석이거나 번역이거나 통역
또는 주석이 된다

사물은 언어로써 스스로를 드러내지 않는다
다만 언어로써 읽게 하는 묵시성을 지닌
존재일 뿐이다

문제는 존재 아닌
존재 뒤에 가려져 드러나지 않는
사물 속에 내재한 비의(秘義)다

비의의 발견은 견자 몫
견자이기 위해서는 발견자가 돼야 한다
발견자란 발견한 것을 보여주는 자다

도(道)

투필성구(投筆成具)면
투필성문(投筆成文)도
투필성시(投筆成詩)도 가능하지 않을까

정치에도 작문정치(作文政治)가 있고
작화정치(作畵政治),
작수정치(作數政治)가 있지 않던가

시라고 다르겠는가
정서유희, 관념유희, 타성유희가 있는가 하면
교도유희(交刀遊戱), 양언유희(佯言遊戱)도

다 같이 도(道)가 텄음 아니던가
도란 길만이 아니오 깨달음이니
천리길도 일순에 가 닿음 아니던가
투필성시도 도에 가 닿음일 듯싶어서

길손

살아 생명하는 모든 것은
움직인다
움직임만이 삶의 진행형이다
나무도 가지로 움켜쥔 바람
날려 보내며 어깻짓하고
매달린 이파리를 비늘 삼아
청룡의 꿈을 꾼다
하물며 살아 숨 쉬는 인간의 가슴이야

가슴의 대명사 그리움이란 것도
길 없는 길 천리를 돌아와
노독을 푸는 향연이고
이마란 것도 아미 사이로 길을 내어
무한에 도전하는 사유의 나들이다
살아있는 모든 것은 움직인다
길을 걷는 인간의 행보도 삶을 향하거나
삶의 마무리를 향한 생이 찍고 간 발자국이다
생의 길손이기 때문이다

시(詩)와 시(柿)

지난해
추석 선물이었던가 설 선물이었던가
상주 곶감을 받았다
고맙게 먹고 씨앗 있기에 화분에 심었더니
올봄 싹 두 그루가 올라왔다
내심 반기며 마음으로 길렀더니
내 키의 반쯤 크기로 잘 자랐다

옮겨 심을 땅이 없으니
뒷 안산에 심을까 생각도 해보고
비닐로 텐트를 만들어 겨우살이를
시킬까 생각 중이다
생각 속에 기르고 있는 시(詩)와 함께
시(柿)를 기르고 있음이니
시인의 도리에 충실함이 아닐지

홍제천 소묘

격단(激湍) 없는 곡류(曲流)가 완만하니
유수가 부드럽다
낮은 수심으로 드러나는 바닥은
탁류가 아님을 자랑하듯
곱게 흐른다

흰 해오라기 몇 마리와
재두루미
오리 가족들이 고향하고 살면서
천변의 단조로움을 한 폭의 그림으로
펼쳐준다

냇바위에 올라앉아 햇볕에
몸을 말리는 거북들이 즐기는
한가가 눈요깃감이다
어쩌다 원앙이라도 날아오면
인기 독차지 귀한 대접을 받는다

천변길을 따라 걷는 행보들은
물길처럼 서두름이 없는 만보행이다

바쁠 것도 서두를 것도 없는 여유의
등과 이마에 얹힌 놀이 오감을 갈라놓을 뿐이다
외인촌처럼 조용하고 한가롭게 흐르는 홍제천 길

읽는 이 몫이어서

조락(凋落)
낙엽뿐이던가
높은 가지일수록 수직 하강
기울면 시들기 마련이고
시들면 떨어지기 마련
높은 자리란 것도 다르지 않아서

틀린 것이 있다면
읽기 나름
낙엽을 돌아가는 육신의 발자국으로 읽으면
흙으로
살아있는 혼의 귀향으로 읽으면 귀천
곁들인 주석에 따라 의미 또한 달라지는 것을

달도 차면 기울고, 날도 차면 기울어 돌아가는 법
인생이라고 다르랴
시들면 조락하고, 조락하면
발자국 찍기 마련인 것을
어떻게 읽느냐는
읽는 이 몫이어서

비 · 1

내려서 맞고
맞아서 적시는
우산으로 맞는 비와
가슴으로 젖는 비

홀로 걷는 외로운 우산
우산 속에서도 젖어버린
비 오는 날
가슴의 동행

커피 한 잔으로 용해되어
가슴에 흐르는
말로는 흐를 수 없으면서
침묵으로 범람하는 강

멜랑콜리
우수만이 감겨 자장할 수 있는
감전 아닌 전율
비 오는 날의 스텝 블루스

비·2

많이 와도 걱정
적게 와도 걱정
안 와도 걱정
걱정이 셋이면 개인 차원을 넘어선다

폭우 홍수도
땡볕 한발도
비로 인해 겪어야할 재앙이니
비에서 비롯한 걱정거리이기 때문이다

비를 죽음·탐욕·욕심이란
삼우(三憂)로 보는 것도
우(憂)가 우(雨)로 통하는
속성을 지닌 소이 때문이다

감림(甘霖)이나 고우(膏雨)
구한감우(久旱甘雨) 같은 선우 있는가 하면
경분(傾盆)·광풍대우(狂風大雨) 같은
악우도 있다

비의 소릿값이
비(非)나 비(悲)
우(雨)와 우(憂)와 같이함도 비가
체험하게 하는 근심과 뿌리를 함께함 때문이다

허무 · 1

무료 달래기 위해
멍청히 창밖을 내다보면
등 굽고 허리 휜 늙수그레한
늙은이들이 눈에 들어온다

행방은 알 수 없지만
단독자 행인 데도 동행자가 보인다
하나는 그림자
다른 하나는 등에 한 외로움의 세월이다

옮기는 행보의 보폭이나 완급에 따라
동행자는 달라진다
느릿느릿 게으름의 발걸음엔 절망감이
서둘러 재촉하는 행보엔 희망이 동행한다

그런가 하면 가도 그만 안 가도 그만인
무료가 동행하기도 하고
한 짐 무게를 옮기는 발걸음엔
절망이나 허무가 동행하기도 한다

동행이란 게 길을 같이한 길동무 아니던가
길동무가 외로움이나 세월, 절망이면
가없는, 없어 가 닿을 수 없음이니
종착지는 허무를 향한 나그넷길 아니던가

허무 · 2

수평이나 지평의 끝과는 달리
허무는 끝이 없는 무변이다
같은 무변이면서도 고해는 저어감
지혜의 배 반야항(般若航)이 있다
비해 허무는 무한을 향해 움직일 뿐
그 무엇으로도 동행할 수 없는
공허가 주어질 뿐이다

롤랑의 절규가 들려온다
나는 허무와 싸우는 생명이다
허무 속에 타는 불이다
나는 영원히 싸우는 자유스런 의지다
생명과 불과 의지의 인간을 니체는
초인이라 했던가
초인이 되어 허무를 극복할 수 있었던가

파스칼의 외침도 들려온다
마음속의 공허가 불러일으키는 생명력만이
공허가 안겨준 공백을 메울 수 있다는
그래 메웠던가 답은 불가사의

공허란 일체 무이니 있어야 답이라도
없으니 허무라 할밖에
인생이란 허무에 긋고 가는 한순간의 기표인 것을

허무 · 3

빈자리 하나가
점점 허무의 가장자리를 넓혀가고
넓혀진 만큼
존재의 가장자리는 점점 죄어든다

그 무엇으로도 채울 수 없는
채우고자 하면 할수록
넓이와 깊이를 더해가는
존재이면서도 존재무인 허무

독거 때문만이 아닌
옆구리가 시린 때문만도 아닌
존재이고 싶어 하는 근원으로서의 존재무와
필연이고 싶어 하는 우연으로서의 허무

허무에 대한 답은 없다
답이 부질없음이고
답 대신 물음만이 ?로 찍히기 때문이다
허무는 의문부 ?다

희망 쌓기

내게 있어 일당(日當)은
액면 아닌 개(個)의 개념이다
개보다 더 점잖게 치면
편(篇)쯤이 되리라

내 일당은
풍시조 15편과
일반시 2~3편
챙기면 그런대로 좋고 못 챙기면 서운타

즐거움 맛보고 서운함 면하기 위해
최선을 다해 일당에 충실하고
충실로써 하루치에 값하면
잘 보내진 하루에 감사한다

감사는 하루치의 행복
행복은 하루치 허무 상쇄
상쇄(相殺)의 법도는
절망연습으로 밀어 올리는 희망 쌓기다

수리공

딸애가 국장으로 있는 우체국
문짝이 찍찍 소리를 내며 말을 듣지 않았다
사람을 부르면 수고비가 10만 원이란다

윗옷을 벗어 걸어놓고
망치·펜치·드라이버며 나사못을 챙겨
손을 댔다

낡은 집에서 주인 행세를 한 연고로
그간 반 집수리공이 된 실력을 발휘했다
문짝은 잘 여닫혔고 찍찍 소리도 멎었다

내일 실리콘으로 마무리를 하면 끝이다
실리콘은 사면 되고 사용기기는
오래전 수리 품목의 하나로 준비돼 있다

몸은 잘 듣지 않았으나
수리를 하는 솜씨며 아이디어는 낡지 않았다
뭔가 한 가지 했다는 성취감 같은 것이 동행했다

단독자가 아닌 것을

기다린 것은 아니지만
휴일 하루가 다가도록 한 통의
전화도 걸려오지 않는다
물론 나도 하지 않았다

소이인즉 내가 누군가의 필요 대상에서
피투됐다는 사실일 듯싶다
이른바 대인권에서 열외가 됐거나
아웃이 됐음이다

물건도 쓰다 필요 없어지면 버리기 마련
인간이라고 다르랴, 쓰임새 다하면 버려질밖에
외로움이란 게 홀로 있음이 아니라
버려진 단독자였음이었던 것을 미처 몰랐구나

알았던들 몰랐던들 당연함일 듯
내가 나를 버리지 않았다면
아직 열외나 피투된 것은 아닐 듯싶기도
나름의 그리운 이 있으니 단독자가 아닌 것을

소이(所以)

허무는 절망이 아닌
절망에의 자각이다
절망을 죽음에 이르는 병이라 했던가
허면 죽음에의 자각은
새로운 생명에의 자각과 다르지 않음 아닐지

산다는 것은
자기의 운명을 자각하는 일이라 했던가
운명을 인간의 힘으로는 어쩔 수 없는
정해진 숙명이라 했던가
체관의 자각이 새 생명에의 자각이 되는 소이다

소이는 또 삶이란 허무
허무란 절망
절망이란 죽음에 이르는 병
삶에의 존재 존건이
죽음에의 전제조건이 되는 소이가 이러할 듯싶다

사양(斜陽)

채색하면 노을
펼치면 황혼
당기면 낙조
마주하면 석양

하루치의 수고로움이 끌고가는
가로등 귀가길
삶의 멀미가 노독으로 찍고 가는 발자국

고달픈 하루가
서녘 바다에 쏟아내고 간
코피

생의 끝자락에 걸려 펄럭이는
무지개 아닌
독거의 이마에 두른 색 바랜 비단 한 자락

외로움이라는 병·1

세계인이 지니고 있는 소환(所患)
6인 중 1인이 외로움이란 병앓이라데

외로움을 우리들의 마음속에 죽어버린 것들이
살고 있는 무덤이라 했던가

허면, 독거란 죽어버린 모든 것을 벗해 동거 중인
살아 있는 무덤이면서 죽어 있는 삶 아니던가

고독을 사랑하는 자 야수이던가 신이라 했던데
나는 고독의 포식자인 한 마리 짐승이다

늙었다는 가장 확실한 징후는 고독
짝없는 늙은이가 앓는 소환이 고독이면

옛분들 말씀 허사 아닌 것이 고분지통의 독거가
백수척안과 다르지 않을 듯싶어서

※ 백수척안(白首隻眼) : 흰머리의 외기러기란 뜻이니 외롭
  게 사는 독거의 늙은이를 두고 한 말.

외로움이라는 병 · 2

외로움이 병이라면
나는 중환자다
살아 있는 한 가슴의 주어
외로움 못 지우고 사아야 할 종신지질이다

외로움의 근원은 가슴이 아닌
무라는 존재가 수반하는
유한에의 정서적 반응이다
유한에의 자각 없이는 환기시킬 수 없는

우리를 배반하는 기만을 허무라 했던가
알았던들 방어기전이라도 있었겠으며
있어 무지가 건강함의 소이가 되어버린
유지각(有知覺)이 되레 병이 되어버린

어찌하여 존재가 무에 가 닿아 있는가, 있어
허무가 수반하는 외로움 영원엔 가 닿지 못하는가

동의보감에도 처방전이 없는 중환자
나는 시방 외로움의 병앓이 중이다

외로움이라는 병·3

고독이란 가슴에 품고 사는
단독자가 앓아야 하는 아픔을
토해 투사(投射)해 버리지 못한
억압이 체험하게 하는 정서반응이다

해결하지 못한 가슴의 답답증을
주역선생에게 발설해 버림으로써 해소
카타르시스를 체험하듯
억압에서 해방이고자 하는 자아방어기전이다

지구촌에 창궐한 일종의
문명질환의 정신병
담을 쌓고 사는 단절된 단독자가 체험하는
처방전이 없는 감정의 치미(侈靡)가 앓는 병

바쁜 벌은 근심할 틈이 없다 했던가
한가·여유의 빈틈을 파고드는
감정의 사치로 앓는
외로움이라는 병

병은 육체의 장애일 뿐
의지의 장애는 아니라 했지만
외양으로 드러내지 않는 정신병 고독
지금 지구촌은 고독이란 병의 창궐지대다

삼발이

허무와 외로움은 한 뿌리에서 태어난
쌍생아다
허무가 도지면 외로움이 발작하고
외로움이 도지면 허무가 발작한다

이름은 다르지만 혈통을 같이한
무의 자식들
어찌하여 무가 탄생을 가져다줄 수
있는 것일까

한통속이 된지 오래인
독거와의 동거
허무 있어 외로움을 벗하고
외로움 있어 허무를 달래는 동서(同棲)

우리의 양식은 그리움이다
혼자 있을 수 없다는
독거가 에덴이 되는 소이도 그리움 때문

허무와 외로움과

그리움의 삼위일체가
독거의 기둥이 되고 균형을 유지하는
삼발이가 된다

존재란

가없음의 무변(無邊)
가 닿을 수도
와 머물 수도 없음이니
가고 옴을
닿고 닿지 못함을 넘어서는
세계가 아니던가

이름하여 초월의 세계
허무
있고도 없고
없고도 있음이니
있고 없음을 넘어선 세계이다
기지(既知)이면서 미지(未知)이고
미지이면서 기지인

절해고도가
무변 속의 작은 점 하나이듯이
존재 또한
존재이면서 무이고
무이면서 존재인

존재란 허무 속
한 점인 것을

단독자

어디쯤이기에
이리 아득한 것일까
미래도 과거세도 아닌
무변의 어디쯤에 서서
아미에 손을 얹고 바라기해 보는 미지

넓이로도 높이로도 깊이로도
척도될 수 없는
아득함만이 가 닿을 수 있는
좇아도 잡히지 않는
무지계(無知界)

어디쯤일까
내가 서 있는 곳은
어찌하여 가 없는 허허로움 속에
언제부터 피투된 단독자로
홀로 서 있었던 것일까

잇대일 곳이 없음이구나
가야 할 길도

돌아가야 할 길도 없는
안개 속이듯 미로 속이듯 헤매는
허무에 둘러싸여 있는
단독자로 내가 서 있음이구나

고도(孤島)

세상은 탄핵 찬성이다
반대다로 온통 함성인데
침묵으로 울타리 둘러치고
들어앉아 귀 닫고 사는 칩거

세상을 버렸음이거나
세상으로부터 버림받았음인
단절의 골 깊으니
단독자임이 틀림없다

틀림이 있다면
혼자 살 수 없다는 걸 알면서도
혼자 살 수밖에 없는
시린 옆구리의 독거

문밖엔 깊이 모를 고해
강안에 절간 하나 세우니
산사 아닌 강사(江寺)
날마다 절간째 일엽편주가 되어 시도하는 도강

강이 날 가둔 것인지
강에 내가 갇혀 사는 것인지
떠 있는 섬도 되고 떠나지 못하는 섬도 되는
독거의 삶 고도(孤島)

망구(望九)

오래 살았다
자랑스러울 것도 없지만
부끄러움 또한 없다
하고 싶은 일 하고 살았으니
후회 또한 없다

있다면 철이 늦게 들어
똑똑하지 못했던 점
그렇다고 미련퉁도 아니었으니
서로 감하면 답은
평범한 인생이었던 셈

세상 넓게 보면서
책상 앞에 써 놓고 좌우명을 삼았던
'평범한 생활 속에 고상한 이상'
뜻대로 펼치지도 실현하지도 못했지만 여직
가슴에 지녔으니 무던히도 실천하고 싶었던 듯

망구에 옆구리가 시린 독거의 몸이지만
가슴엔 따뜻한 그리움 지녔으니

춥게 사는 삶은 아닐 듯
가신 모든 이들 가슴으로 기리며
무탈한 삶에 감사한다

고해의 섬

복면을 한 어둠이
창틈으로 들여다본다

내 독거공간은
어둠에 칭칭 감겨 독고(獨孤)가 된다

불을 켜지 않은 채
침묵을 마주하고 앉아 하루치의 노독을 푼다

고달픈 하루를 접는 의식의 식단엔
잔은 놓여 있으나 빈잔이다

채울 수 있는 것은 아무것도 없다
설혹 마신다 해도 허무만 더할 뿐이다

어둠의 깊이와 허무의 깊이로 가라앉는다
어둠은 허무이고 허무는 고해다

고해는 퍼낸 가없는 허무이고
허무의 깊이가 파고이다

설혹 삿대가 있다 해도 앞대일 대안이 없다
독고는 고해에 떠 있는 한 점 섬이다

금호동 골목길

금호동 골목길
60년 전 신혼생활로 터 잡은 곳이
금호동 골목이었다
구불구불 굽돌이 높낮이 언덕하며
폭도 일정하지 않았던 고샅길

그때와 다른 점이 있다면
간간이 들어선 층수 높은 건물과
높낮이가 다른 언밸런스의 부조화
그래도 도시 흉내한다고
아스팔트는 깔려 있다

다른 점이 또 있다면
골목을 빠져나가는 데 숨이 찼다
세월의 무게에
허무의 무게가 더해
허리가 휜 때문이리라

후일 APT 주인이 되어 찾은
재테크 부동산 대표 남사백은

내 제자다
그에게도 세월이었던지 얼굴이 낡았다
함께 늙는다고 생각하니 세월이 읽혔다

골목엔 비가 내렸고
젖은 것은 가슴이었다
늘 동행했던 옆구리가 빈
허무 때문이리라
돌아서는 발걸음엔 허무의 무게가 밟혔다

침묵

일요일의 내 주어는
침묵이다
침묵에 토 달기로
침묵에의 충실에 봉사한다

침묵은 금(金)이란 말에 동의한다
침묵은 금(禁)이란 말에도 동의한다
침묵할 때를 알고 침묵하면 금(金)이 되고
침묵해선 안 될 때 침묵하면 금(禁)이 되기 때문

일요일의 주어인 침묵은
금(金)과 금(禁)을 초월한다
금도 금도 거부하는
침묵에의 충실로 침묵에 봉사하기 때문이다

침묵경(沈默經)

침묵은 참된 지혜의 최상의 웅변이며
현명한 자에게는 충분한 대답이다

침묵은 때를 얻으면 웅변보다 나은 지혜이고
떠드는 것보다 설득력을 지닌 웅변이다

아는 자 침묵하고 모르는 자 지껄인다
말 많은 것보다 더 큰 화는 없고
입을 다물어 침묵하는 것보다 더 큰 복은 없다

말없이도 말이 되고 말이 되어 지혜에 값하고
지혜에 값해 응답이 되고 웅변이 됨은
침묵이 화를 면해 복이 되는 소이
옛 분들 말씀이니 어찌 귀담아 듣지 않겠는가

침묵은 무언의
경(經)이다

유형의 길이란 걸

물러설 수도
머무를 수도 없는
나아감만 주어진 미지

어디쯤이었던가
자아확대력이 정지된 곳에서
자아협소화로 이동했던 지점이

삶의 현장을 고해라 했던가
삶의 길을 고행이라 했던가
고해·고행의 고고는 어디로 가란 고(go)

산다는 것
살아간다는 것이
어쩌면 유형의 길

산다는 것이 죄란 뜻이니
유형이 곧 수형의 길
고고가 끌려가는 길이었던 것을

독거가 되어 살아보면 안다
깊이 모를 허무와 가없는 허무에의 길이
단독자 행이란 걸

단독자 행의
동행 없는 외로운 길이
유형의 길이란 걸

불가사의

인간을
무와 일체 사이의 중간물이라 했던가
만물은 허무에서 나와 무한을 향해
움직인다고 했던가
이를 불가사의라 하고
아무도 모른다고 했던가
허무와 싸우는 생명
허무 속에 타는 불
태워도 태워도 소멸하지 않는 허무
일체가 무인 인간은 영원한 허무
존재와 무는 허무라는 등식만 있고
답이 없는 존재와 무의
허무

실존이란?

실상으론 존재할 수 없는
존재무가 어찌하여
넓이나 깊이로 존재하는 걸까

무한대
무 자체가 존재가 되어버린
허무

만물은 허무에서 나와
무한을 향해 움직인다 했던가
인간 존재란 무한에 비하면 허무하다 했던가

이 세상의 행복
이 세상의 명성은 꿈에 지나지 않는다 했던가
해서 만사개여몽(萬事皆如夢)이라 했던가

허면 실존이란 무엇인가
우연은 무엇이며 필연은 또 무엇인가
실존의 그림자인가, 허무의 그림자인가

삶이란?

물었는가?
사는 것이 삶이지 따로이 답이 있던가
삶다운 삶을 살기 위해 살아가기도 하고
주어진 삶이니 살아가기도 하고
죽지 못해 살아가기도 하고
삶이 무엇인지도 모르고 살아가기도 하고
삶의 답을 찾기 위해 살아가기도 하고, 고고고가
그렇게들 살아가는 각자도생이 삶의 길 아니던가

삶의 의미는 무엇인가
삶을 인생의 최고의 목표라 했던가, 허면 목표는
무엇이고 목표에 따라 삶은 달라진다는 뜻
우리들은 삶의 한복판에 있으며
죽음에 둘러 싸여져 있다 했던가, 허면
삶이란 죽음에 영어된 복당살이 아니던가
삶을 가져다주는 죽음만큼 놀라운 것은 없고
죽음에서 나온 삶만큼 고귀한 것은 없다 했던가

삶의 풀이 이러하면
삶과 죽음은 둘이면서 하나

하나이면서 둘이 되는 등식
산다는 것의 종국은 죽음이 아니던가
그 길을 유형처럼 끌려가는 것이 삶 아니던가
끌려가기보다 스스로 마다않고 걸어가는
걸어갈 수밖에 없는 것이 주어진 삶 아니던가
삶이란 이러한 것을

나는 사랑한다

그늘을 골라 딛던 발걸음이 양지를 골라 딛는다
호·불호에 따라 거역하기도 하고
반역하기도 하는 간사한 정신 아닌
본능에의 충실, 육체를 나는 사랑한다

육신의 정직만이 흘릴 수 있는 피는 순수하다
피 흘리기를 싫어하는 정신은
순수를 오염시키기도 하고
피에 물을 타 쓰기도 한다

정신의 부정직성이 이러하다
육체의 정직과 정신의 부정직성 중
육체의 짐승스런 정직성을
나는 더 사랑한다

겨울나기 · 1

내 겨울나기는 구식이다
구식도 못 돼 원시적이다
집에 널려 있는 것이 전열기기들이지만
나는 짐승들이 털로 체온을 유지하듯
옷으로 난방을 한다
기상정보에 따라 벗었다 입었다
방한의 기술이 지혜에 앞서 본능적이다

적당히는 참을 줄도 알고
몸을 움직여 벗어날 줄도 알고
따뜻하게 보온할 줄도 안다
더 알아 뭘하겠는가, 아는 것이 곧 피함인 것을
구식보다 더 구식스런 겨울나기
여느 해보다 옆구리가 시린 독거의 겨울나기
따뜻한 체온 그리워하며 살밖에

겨울나기 · 2

차가운 날엔 옆구리가 시리고
옆구리가 시린 날엔
따뜻한 체온이 그리워진다

따뜻함으로 차가움을
차가움으로 따뜻함을 달램이니
한쪽이 떨어져 나갔음 때문이다

한쪽이 떨어져 나갔으니
유식하겐 단독자
더 유식하게 피투존재쯤이 된다

유식이 밥 먹여주고
차가움 달래주며
따뜻함으로 체온하게 해주던가

몸이 추우면 따라 마음이 춥고
마음이 추우면 따라 몸도 춥기 마련
겨울 탓이 아닌 음양의 부조화인 것을

따뜻한 체온만이 녹여줄 수 있는
차가운 옆구리
단독자의 겨울나기가 이러하다

겨울나기 · 3

영하의 날씨가 한 겹씩
체온을 벗겨갈수록
두께를 더한 방한복으로 갈아입는다

한 겹을 벗겨가면
한 겹은 껴입고
보온으로 상온을 유지한다

추위에 맞설 난방 전열기기가
하나둘이 아니지만
혼자 있을 때는 결코 켜지 않는다

손이 왔을 때는 예외
꺼내 함께 체면용 겸
접대용으로 쓴다

이런 겨울나기를 원시적이라고
비웃기도 하고 탓하기도 하지만
상관없다, 구식 겨울나기 육화된 지 오래

추위가 살로 박혔으니 짐승스럽기는 하나
털 대신 방한복이란 문명의 혜택
누리고 사니 짐승은 면한 셈 아니던가

유형(流刑) 중

무탈에 감사하며 보내는
하루하루에 드리우는
회색 그림자
허무

존재하는 모든 것을
허무 자체라 했던가
니체도 하이데거도 잘라내지 못했던
허무

무슨 뾰족한 신통수 있다고
허무의 꼬리를 잘라낼 수 있겠는가
옆구리 시린 피투(被投) 존재의
허무를

존재의 우연 필연의 대자(對自)로
깊이 모르고 살았더니
독거의 골로 파인 간격이 메울 수 없는
천리길 만리길인 것을

하루하루
가없는 넓이와 깊이를 더해가는
울타리론 가둘 수 없는 허무
나는 시방 허무를 등에 한 유형(*流刑*) 중이다

허무경(虛無經)

일요일 하루가 끝난 어스름께면
아무도 없는 무의 한가운데
단독자로 서 있다는 걸 깨닫는다

오라는 곳도 갈 곳도 없다
기다리느니 무의 깊이에 부재의
울타리를 둘러친 독거공간이 있을 뿐이다

삶이 있고, 있어 생활이 있어야
주거란 게 방어되고 소유되는
행복한 이미지의 공간이 되는 것을

부재뿐인 공허를 방석 삼아
깔고 앉아 있는 부처 아닌
형상 없이도 무게로 앉아 있는 허무

하루치의 멀미로 감겨오는
어지럼증을 머리 흔들어 털어내고 나면
그나마 지녔던 자아마저 비워버리는 진공상태

한사코 바닥없는 정적의 깊이로 가라앉는다
갈앉아 어둠에 수장되듯 익사해버리면
독거는 한 조각 폐선이 되어 고해에 버려진다

노래방

울적함 달래지 못해
마음이 편치 못할 때는
낡고 허름한 동네 노래방을 찾는다

단골 레퍼토리는
동심초
울적 제대로 토해내는 날엔 100점도 나온다

박자에 맞춰 슬피 부르는 노래를
격절비가(擊節悲歌)라 했던가
무용이 온몸으로 말하는 육체의 언어이듯

슬픔 기름 삼아 심지 박아 연소하는
내연의 불꽃만이 태울 수 있는
그리움

불꽃으로 토해내는 그리움이고
소이로 동심초는
음표마다 촛불로 태우는 불꽃이다

망각은 만사를 고쳐주고 노래는
망각을 위한 그중 아름다운 방법이라 했던가
그리움을 나름으로 달래는 방식이 노래다

학의동(鶴儀洞)

고향 학의동은
고봉(高峯) 우익 삼고
제봉(帝峯) 좌익 삼아 펼치고
부리를 우리집 대숲에 들이면 산세가
흡사 학을 닮았다고 옛분들이 이름 붙인
마을이다

양성리 맴부동은
좌익의 품에 안기고
학의동은 학두(鶴頭)에
우익엔 들녘 하나를 품에 했거니
멀리서 보면 날개 펼친 학과 같았고
학의동은 그 품에서 부화한 마을이었다

학의동을 고향으로 태어난 연고로
가슴에 학 한 마리 길러
둥우리 서울로 옮길 때 안고 왔더니
미처 몰랐었구나
그리움이란 만석꾼 재산 지녀
학에 실어 보낼 줄을

노학만리심(老鶴萬里心)
노학은 만리의 마음을 품고 있다 했던가
두보(杜甫)의 시구 떠올리니
한운야학(閑雲野鶴)
늙은 가슴에 학 벗하는 삶이
학의동의 그리움 안고 사는 삶이었던 것을

무의 무게

외짝으로 사는 것이
내 경우뿐이겠는가
함께 갈 수 없는 것이 생사의 길
못 면하거니 외짝의 고분지통

산다는 게 어쩌면 삶을 위한 삶이기보다
버릴 수 없는 주어진 삶이어서
죽지 못해 살아가는
외줄타기 연장선상일 수도

외짝의 삶이란 게
무기력·버거움·허무·절망을 등에 하고 사는
신명은 사치 삶의 의미인들
새기며 살겠는가

등에 한 한 짐 무게
어찌하여 허무가 한 짐 무게가 될까
무게로는 계량할 수 없는 무의 무게란 게
없음 아닌 있음의 모든 삶의 무게인 것을

안산자락길

초입부터 몇 굽이 굽돌이로 올라서면
능선 아래로
멀리는 보현봉, 삼각산 능선이 다가오고
오른쪽으로 무악 너머 시내가
왼쪽으론 멀리 북녘 하늘 끝자락이 물러섰다

하강·상승을 거듭하며 산허리를 돌면
알맞게 찬 숨 몰아쉬는 지점 양켠에
빽빽한 솔숲이 바람에 날리듯 솔향을 풍겨주고
향 너머론 에스콰이어 숲이 반기듯 맞아준다
때맞춰 지는 비단자락에 말려 끌려가는 노을

수고로운 하루치의 노독을 노을 동행
눈으로 멀리 보내면
메아리 없는 '옛동산에 올라' 한 소절이
노을 따라 하루로 접혔다
하산길엔 그리운 얼굴이 발자국 없이 따라왔다

홍제천을 따라 걸으며

내는 세월 따라
세월로 흐르고
천변의 뽕나무는
세월 따라 세월로 서 있고
과객 하나 세월 끼고 걸으며
세월 발길질로 지나간다

세월을 일컬어
오랜 세월을 만고역대(萬古歷代)
온갖 고난의 세월을 만고풍상(萬古風霜)
태평시절을 태평연월(太平烟月)
헛되이 보낸 세월을 광일미구(曠日彌久)
지는 꽃 흐르는 물과 같다 해서 낙화유수 했던가

옛분들 말씀이라 그른 데 없으나
세월이 약이란 말엔 동의할 수 없구나
세월이 감길수록 풀리느니 그리움이 되레
가슴앓이 아픔이 되는 소이가 그러하지 않던가
세월로 살찌고 세월로 범람하는 가슴
가슴의 봇물 그리움이 익사 수위여서

가향(家鄕)

어린 시절
철없이 뛰놀던 시절의
유년의 고향은 낙원이었고

철들면서
아버지의 실족에 차여 쫓겨나야 했던
시절엔 실낙원이었다

늙어 돌아갈 수 없는
그리움만이 쫓겨나지 않아도 되는
낙원이라 했던가

두동치활(頭童齒闊)의 늙은 가슴
피로 돌리는 그리움 있어 그리워하거니
가향이 낙원이 되는 소이가 그러하구나

거리

멀리 떠돈다
가까이할 수 없음이거나
멀리 있어 가까이하고 싶음 사이에 놓인
그 둘의 거리를 격강천리라 했던가

멀수록 아득함으로 거리할수록
다가가고 싶음을 그리움이라 했던가
그리움으로도 다가갈 수 없는
영원한 향수의 거리는 몇만 리쯤일까

청산과의 거리도
땅과 하늘과의 거리도 아닌
불사조의 날개로도 가닿을 수 없는
그리다 그리움이 되어버린 거리

보낸 이는 안다
돌아올 수 없다는 것을
돌아올 수 없는 거리가
다가갈 수 없는 거리라는 것을 안다

생으로는 척도될 수도
척도된다 해도 살아서는 갈 수 없는
보낸 이만이 그 거리를 안다
삶이 끝나는 곳에서 시작하는 영원한 거리란 것을

안산자락 길에서

홍제천 변 산책로를
인왕산 길로 발길을 돌렸다
족히 7~8년 만일 듯싶다
초입부터 가파른 길은 숨을 차게 했으나
동행 없는 쓸쓸함이 없지 않았으나
반겨주는 듯싶어 싫지 않았다

환희사, 청련사로 오르는 길은
아스팔트로 잘 포장 돼 가파르기는 같았으나
처음 걷는 길 같은 느낌을 갖게 했다
끼고 오르는 그날의 산계 물소리도 정겨웠다
환희사 입구에서 시작된 산길은 자락길로
바뀌었고 굽돌이는 심했으나 행보는 경쾌했다

산자락을 오르듯 내리고 내리듯 오르며
몇 번의 굽돌이는 옛길이 아닌 듯싶어 낯설었다
절로 노산의 시 「옛동산에 올라」가 떠올랐다
땀을 닦아야할 무렵 때맞춰 걸려온 전화는
조명제 시인이었다
땀을 식히며 쉬게 해주어서 고마웠다

지난날 아내의 손을 잡아끌며 올랐던
추억이 몹시 외롭게 했다
가버린 날들이 행복했던 때문일까
다시 올 수 없는 그리움으로 감기는 가슴
잠시 앉아 쉬며 가슴에 감긴 그리움을 풀어본다
새삼 떠올리게 한 옛에 감사했다

산행

초입 오르는 길은 가파랐으나
7부 능선 자락길은 굽돌이는 심했으나
평탄했다

서대문구청을 기점으로
안산을 거쳐 인왕에 이르는
능선을 따라 타원형으로 이어진 자락길

산마다
자락마다 벼랑을 끼고 이어진
인공길은 무위의 길이 아닌 인위의 길이었다

언덕을 넘고 벼랑을 끼고 숲을 뚫으며
이어지는 길은 산행의 고달픔과
함께 지리함을 산밑으로 발길질하게 했다

멀리 보이는 인위의 콘크리트 숲
숲에 오염 될세라 높이 흘러가는
무심한 구름을 유심으로 보내며 쉬는 한때

산행이 아니면 맛볼 수 없는
산만이 맛보게 하는 진미
홍제천 변 길에서는 맛볼 수 없는 무위의 맛이다

인위의 맛도 싫지 않았다
지난날 동행했던 아내에 대한
그리움이며 외로움

인위나 무위가 다르지 않은
하나인 자연성에서 비롯한
산정 인정이 하나였던 것을

겨울비

눈도 반갑지 않은데
겨울비라니 심술궂다
궂은 심술에 심사라고 곱겠는가
비도 바람에 업혀 와
빗선으로 갈기니 우산 아닌 잡친
마음이 젖는다

비가 가슴 적시던 시절은
먼 옛날
우수 동행하던
동행하면서 젖던 가슴도 먼 옛날
지금은 옆구리 시린 동행마저 없는
단독자행이 외롭다

불편한 심기가 비뿐이겠는가
매사 신명과는 담쌓고
우울에 갇혀 사는 삶
독거의 우옥에 비마저 회초리질이니
우거·우옥·우수 우자 삼형제가
마른 가슴의 울타리를 부수고 지나간다

독거시

2025년 11월 5일 인쇄
2025년 11월 15일 발행

지은이 / 박진환
발행인 / 박진환
펴낸곳 / 조선문학사
등록번호 / 1-2733
주소 / 03730 서울 서대문구 통일로 389(홍제동)
대표전화 / 02-730-2255
팩스 / 02-723-9373
E-mail / chosunmh2@daum.net

ISBN 979-11-6354-409-8

정가 10,000원

* 인지는 저자와 합의 하에 생략
* 잘못된 책은 서점에서 교환해 드립니다.